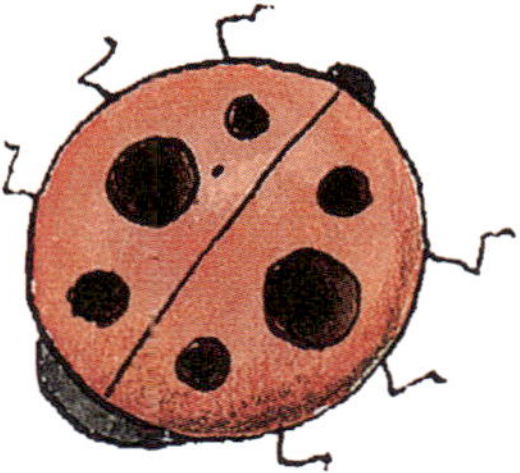

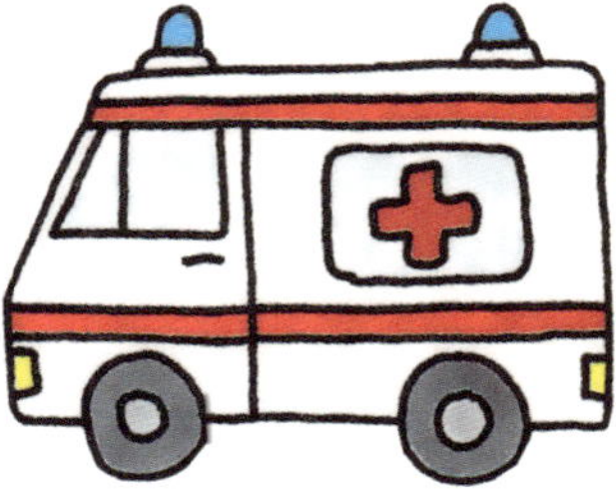

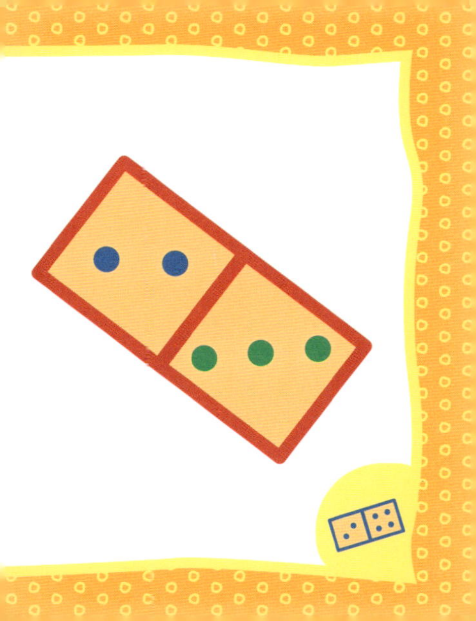

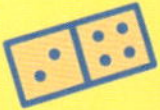

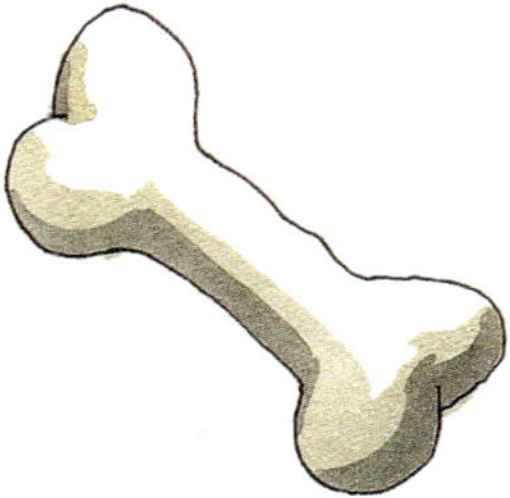

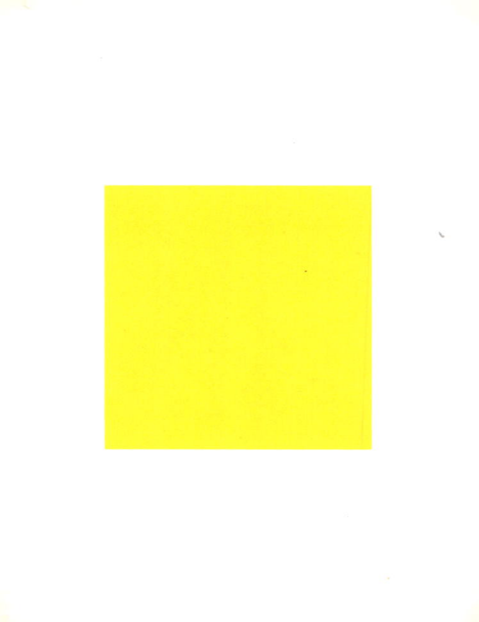

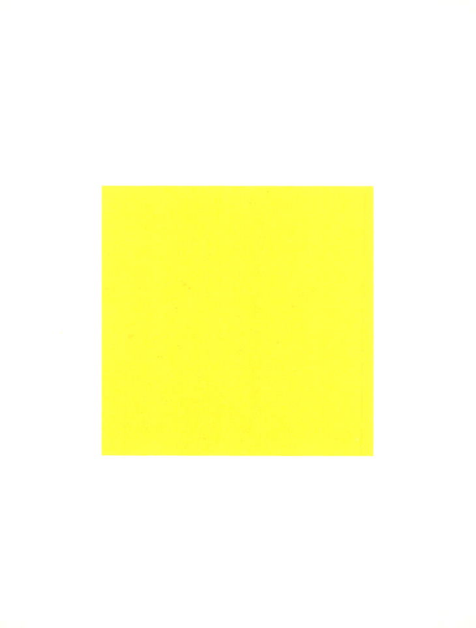

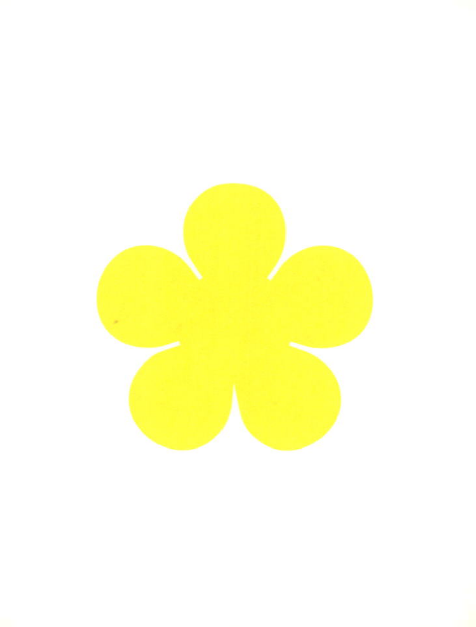

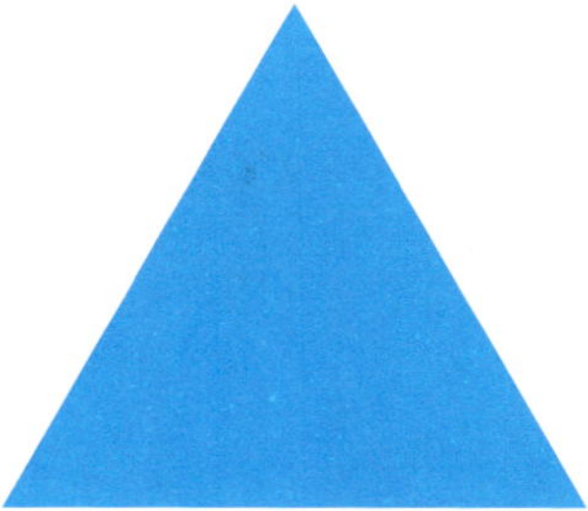

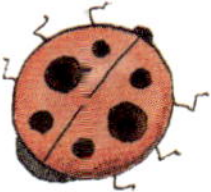

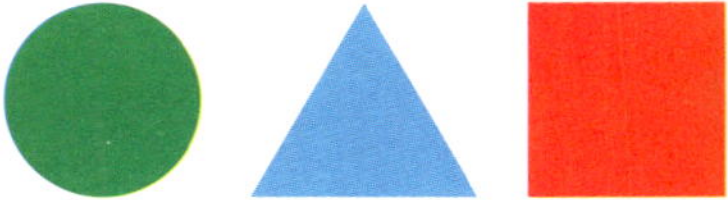

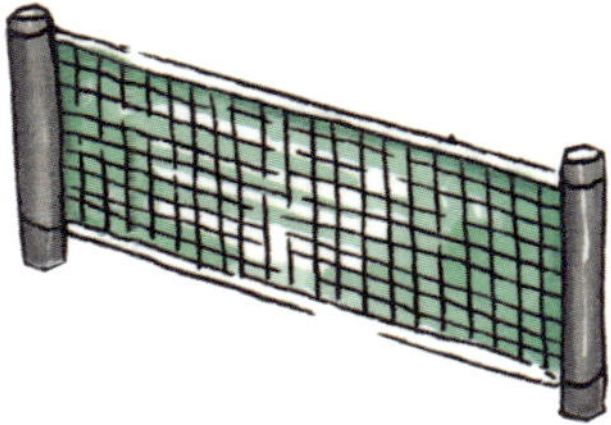

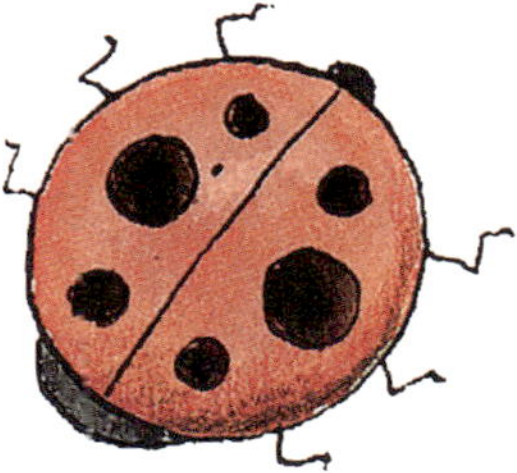

Irene Drexler

BLÜTEN BOTSCHAFTEN

Wie die Bach-Blüten dir helfen

Schirner Verlag

ISBN 978-3-89767-306-9

Erste Auflage

Umschlag: Murat Karaçay
Redaktion & Satz: Kirsten Glück
Litho: pixelstorm.at

Printed and bound in China by Imago

www.schirner.com

Einleitung

In den Blütenkarten begegnest du harmonisierender Blütenenergie. Bei den Blüten handelt es sich um jene, die in Form der klassischen Blütenessenzen, der »Bach-Blüten«, in der Blütentherapie angewendet werden.
Die Bach-Blüten erhielten ihren Namen von dem englischen Arzt Dr. Edward Bach. Dieser fand in den Jahren 1928 bis 1936 heraus, daß ausgewählte Blüten und sonnenpotenziertes Quellwasser auf 38 grundlegende menschliche Gemütszustände eine feinstoffliche Wirkung haben.
Das Interessante dabei ist: Schwächen können mit Hilfe der Bach-Blüten in Stärken umgewandelt werden. In jeder der besagten Blüten ist die ausgleichende Kraft angelegt, aus dem negativen Zustand herauszuführen.

Bach hat die Potentiale der Blüten und ihre Wechselbeziehungen zum Menschen genau beschrieben. Diese Beschreibung und weitere Literatur von Blütentherapeuten nahm ich als Grundlage,

um mich auf der Bildebene mit den Bach-Blüten auseinanderzusetzen. Außerdem ging ich hinaus in die Natur und wurde beschenkt, denn ich fand die meisten Blüten in meiner näheren Umgebung.
Nach dem intensiven Einstimmen auf die feinen Schwingungen hat die Blütenenergie beim Zeichnen und Malen auf dem Papier Gestalt angenommen: Die Blüte in ihrer äußeren Erscheinung, begleitet von einer kindlichen Figur, welche uns die Botschaft der Blüte übermittelt. Doch wer ist eigentlich die kleine Figur auf den Bildern?
Du kannst die Blütenbotschafterin zum einen als ein Wesen sehen, das zu der jeweiligen Blüte gehört und deren Qualität verkörpert, zum anderen kannst du sie auch als dein eigenes inneres Kind verstehen, das sich mit seinen feinen, vielleicht vergessenen Eigenschaften bei dir in Erinnerung rufen will.

Mit den 38 Blütenthemen sind wesentliche Bereiche unseres emotionalen Spektrums erfaßt. Darüber hinaus verwendete Bach für Notfälle noch die Erste-Hilfe-Mischung aus fünf Blüten, das »Rescue Remedy«. Entsprechend findest du im

Kartenset insgesamt 39 Karten, also Karten für alle Einzelthemen und zusätzlich die Notfallkombination.

Zu welchem Zweck du die Blütenkarten verwenden kannst:

- ***Zum Kennenlernen der positiven Gefühle, die durch diese Blüten angeregt werden:***
  Die besonders hohen Schwingungen der Blüten können das menschliche Schwingungsniveau anheben. Anteil daran haben aufbauende Gefühle wie Hoffnung, Vertrauen, Geborgenheit und andere. Die Blütenbotschafterin zeigt dir diese positiven Gefühle.

- ***Für den visuellen Zugang zu der unterstützenden Blütenschwingung:***
  Indem du die Bilder auf dich einwirken läßt, kann dir ihre Ausstrahlung helfen, aus negativen Stimmungen »auszusteigen«, denn die positiven Schwingungen der Blüten teilen sich über die Abbildungen mit. Die Botschaft jeder Blüte entfaltet sich vor allem durch den Ausdruck der kleinen Figur, der noch betont

wird durch den Bildaufbau und die einfühlsame Auswahl der Farben, doch du findest sie auch in Worte gefaßt in diesem Büchlein.

- ***Zum Kontakt mit deiner Intuition:***
  Die 39 Blütenkarten lassen sich gut als Mittel zur Kommunikation mit deinem Unbewußten einsetzen. Dieses kannst du um Rat fragen, worauf du deine Aufmerksamkeit konzentrieren sollst, um besser voranzukommen, sei es bei der Ausräumung von Konflikten in deinem Leben oder der Umsetzung deiner Pläne.

Bereite dich auf das Intuitionsspiel vor, indem du dich entspannst und ruhig wirst. Breite die Karten mit der Rückseite nach oben vor dir aus, und ziehe deine Ratgeberkarte. Was will die Blütenbotschafterin dir nahebringen? Vielleicht zeigt sie dir das Thema, das im Augenblick für dich wichtig ist, oder schickt dir einen Geistesblitz, der dich die Lösung für dein Problem plötzlich ganz klar erkennen läßt. Vertraue in jedem Fall darauf, daß der erste Gedanke, der auftaucht, der richtige ist. Um jeden Zweifel auszuräumen, kannst du natürlich auch mehrere Karten ziehen.

Eine einfache Legemethode mit drei Blütenkarten geht wie folgt:
Du ziehst drei Karten. Bei der *ersten Karte* bekommst du einen Rat, welcher Impuls dir bei deinem Anliegen helfen kann; bei der *zweiten Karte* erhältst du einen Hinweis darauf, wogegen du Widerstand empfindest, und wie du dich dadurch selbst behinderst; bei der *dritten Karte* findest du einen Fingerzeig auf den nächsten für dich anstehenden Schritt.

Kurzinformationen zu den jeweiligen Blütenthemen, die dir helfen, ihre Botschaften zu deuten, kannst du diesem Begleitbüchlein entnehmen. Ausführliche Beschreibungen findest du in vielen Büchern über Bach-Blüten, eine entsprechende Auswahl habe ich in die Literaturliste aufgenommen (siehe letzte Seite).

- ***Für die intuitive Auswahl von Blütenessenzen:*** Die Blütenkarten sind einfache Hilfsmittel zum Auswählen von Blütenessenzen. Zwar empfehlen manche Therapeuten, maximal vier Essenzen zusammenzumischen, doch du kannst bis zu sieben kombinieren. Deine Intuition führt dich zu jenen Blüten, die dir gerade am besten helfen können; nimm die gewählten Blüten als Geschenk deines inneren Wissens an.

Methode 1: Du fächerst die Karten verdeckt auf und ziehst intuitiv die für dich passenden Blütenkarten.

Methode 2: Lege die Karten mit der Bildseite nach oben aus, und laß die Blütenbilder auf dich wirken; dann wähle spontan jene, die dich am meisten ansprechen.

- ***Zur Meditation:***
  Das Betrachten einer Bildkarte erleichtert es dir, an sonst ferne Gefühlsebenen heranzukommen, dich zu entspannen und dich auf eine Meditation einzustimmen.

- ***Einfach zum Entspannen und Lebensfreudetanken:***
  Dazu eignen sich meine Karten für Kinder ebenso wie für Erwachsene.

Und nun wünsche ich dir viel Freude mit meinen Bildern!

Irene Drexler

Die Karten

Die Kurzinformationen über die jeweiligen Blüten bieten dir:

- in alphabetischer Reihenfolge sortiert den englischen Namen jeder Blüte zusammen mit der deutschen und lateinischen Bezeichnung;

- die »Blütenbotschaft«, bestehend aus dem Schlüsselbegriff, der dir das Potential der Blüte und die seelische Kraft, zu der sie verhilft, erschließt, und der in liebevolle Worte gefaßten Botschaft der Blütenbotschafterin;

- unterstützende Gedanken, die du in deinen Alltag mitnehmen kannst;

- botanische Hintergrundinformationen, die dir das Auffinden der Pflanzen in der Natur erleichtern.

Nr. 1 **Agrimony**
Odermennig
Agrimonia eupatoria

Blütenbotschaft:
Offenheit und tiefe innere Ruhe

»Laß die Rolle des ›Sunnyboys‹ und damit alle vorgetäuschte Heiterkeit hinter dir. Steh zu deinen wahren Gefühlen. Akzeptiere die Ruhe, die dir *Agrimony* bringt und die dich von deiner inneren Spannung und deinen Qualen befreit. *Agrimony* hilft dir, ehrlich zu sein und dich offen zu zeigen.«

Affirmation:

Ich bin ehrlich mit mir und mit anderen.
Ich atme tief durch und komme zur Ruhe, und so fällt es mir leichter, meine Gefühle offen zu zeigen.

Botanischer Hintergrund:

mehrjährige Pflanze, weich behaart, bis 60 cm hoch, gezähnte Blätter mit weißer, filziger Unterseite; gelbe Blüten, 5–8 mm Durchmesser, in dichten, schlanken Ähren, Blühzeit von Juni bis August; glockenförmige Früchte mit kleinen abstehenden Dornen; an Hecken, Straßenrändern und im Grasland wachsend

Nr. 2 **Aspen**

Zitterpappel

Populus tremula

Blütenbotschaft:

Geborgenheit

»Wenn du sehr sensibel bist und dich immer wieder vage und unerklärliche Ängste überkommen, dann vertrau dich dieser Blüte an. Spüre die Geborgenheit, die dir *Aspen* vermittelt, und deine Ängste werden verschwinden.«

Affirmation:

Ich fühle mich geborgen, ich bin gut beschützt und darf empfindsam sein. Bedrohliches löst sich gleichsam in Luft auf.

Botanischer Hintergrund:

auch Espe genannte Pflanze; als Baum bis zu 30 m hoch mit rundlicher Krone und grauer, von Korkwarzenstreifen durchsetzter Rinde; runde, kahle, lang gestielte Blätter mit gezahnten Rändern; in hängenden, bis 10 cm langen Kätzchen zweihäusig blühend, weibliche graugrün, männliche rot, erscheinen noch vor den Blättern, Blühzeit von März bis April; bevorzugt nährstoffarme Schuttböden, häufig Pioniergehölze

Nr. 3 *Beech*

Rotbuche

Fagus sylvatica

Blütenbotschaft:
Einfühlungsvermögen

»Andere und deren Fehler zu kritisieren hilft dir nicht dabei, dich gut zu fühlen. Mit *Beech* wirst du einen anderen Weg entdecken: Durch dein Staunen über die Vielfalt der Welt, durch deine Nachsicht, die alles gelten lassen kann, und vor allem durch dein Einfühlungsvermögen wirst du beschenkt.«

Affirmation:

Ich kann mich in die Vielfalt der Welt um mich herum einfühlen; ich kann alles gelten lassen. Ich bin nachsichtig.

Botanischer Hintergrund:

20–30 m hoher Baum, Rinde am Stamm glatt und grau, an den Zweigen rötlichbraun, Holz leicht rötlich gefärbt (daher der Name); längliche, elliptische Blätter, bis 10 cm lang, Oberseite glänzend saftgrün, Unterseite und Blattrand leicht behaart; einhäusig blühend: männliche Blütenstände halbkugelig an langen Stielen hängend, weibliche mit kurzgestielter, filzig behaarter grüner Hülle, in der sie zu Bucheckern heranreifen, Blühzeit von April bis Mai; auf nährstoffreichen Böden wachsend

Nr. 4 **Centaury**

Tausendgüldenkraut

Centaurium umbellatum

Blütenbotschaft:

Selbstbehauptung

»Dein Leben ist zu kostbar, als daß du es damit verbringen solltest, nur auf andere zu reagieren und dich gutmütig unterzuordnen. *Centaury* unterstützt dich dabei, dir über deine eigenen Bedürfnisse klar zu werden und dich zu behaupten.«

Affirmation:

Ich entscheide mich dafür, ganz ich selbst, frei und stark zu sein.

Botanischer Hintergrund:

auch Erythraea centaurium genannte einjährige Pflanze, bis 50 cm hoch, aufrechter Stiel, der aus einer Grundblattrosette wächst; rosa Blüten, 10–15 mm im Durchmesser, in Trugdolden wachsend und oberhalb der Mitte des Stengels abzweigend, schmale Stengelblätter, Blühzeit von Juni bis September; bevorzugt trockene und grasige Böden

Nr. 5 **Cerato**

Bleiwurz

Ceratostigma willmottiana

Blütenbotschaft:

inneres Wissen

»*Cerato* stärkt deine Fähigkeit, in dir selbst allen notwendigen Rat und die Führung, die du brauchst, zu finden. Laß dich nicht von anderen in Zweifel und Verunsicherung stürzen. Auf dein inneres Wissen kannst du immer bauen.«

Affirmation:

Ich schließe mich an mein inneres Wissen an und entscheide nach meinem eigenen Gefühl.

Botanischer Hintergrund:

aus Westchina eingebürgerte Pflanze, bis 1 m hoch mit schlanken, stacheligen, mittelgrünen Sprossen; lanzettförmige, borstig behaarte grüne Blätter mit purpurfarbenem Rand, bis 50 mm lang; blaue Blüten, 25 mm Durchmesser, mit purpurroten Röhren in end- oder achselständigen, ährenartigen Büscheln, Blühzeit August und September; in Gärten wachsender Zierstrauch

Nr. 6

Cherry Plum

Kirschpflaume

Prunus cerasifera

Blütenbotschaft:

Entspannung

»Willkommen im Reich der Entspannung. Mit *Cherry Plum* glätten sich die Wogen, wenn dich irgend etwas rasend gemacht hat. So kannst du deine Gemütsruhe wiederfinden und die Angst, den Verstand zu verlieren, überwinden. Der aufgestaute innere Druck löst sich.«

Affirmation:

Alles ist in Ordnung.
Ich lasse den Druck los und finde meine Gemütsruhe wieder.

Botanischer Hintergrund:

bis 8 m hoher Baum; eiförmige, gezähnte Blätter, sprießen erst nach den Blüten; weiße Blüten, 25 mm im Durchmesser, 5 ausgebreitete, rundliche Kronblätter, weit abstehende Staubgefäße, Blühzeit von März bis April; kirschartige, rötliche, eßbare Früchte; in Mittel- und Westeuropa als Frucht- und Zierbaum und in Hecken angepflanzt

Nr. 7

Chestnut Bud

Kastanienknospe

Aesculus hippocastanum

Blütenbotschaft:

Begreifen

»*Chestnut Bud* steht dir zur Seite, wenn du an den Aufgaben, die sich dir momentan stellen – sei das in der Schule oder im Beruf –, nicht genug interessiert bist und deshalb nicht vorankommst. Mit der Hilfe von *Chestnut Bud* kannst du alles leichter begreifen und vermeidest, die gleichen Fehler mehrmals zu machen.«

Affirmation:

Ich bin ganz bei der Sache.
Ich entdecke immer wieder etwas Neues und Interessantes; ich begreife alles ganz leicht.

Botanischer Hintergrund:

bis 25 m hoher Baum, Rinde dunkelbraun; handförmig gefiederte Blätter, bis 25 cm lang und breit, an langen Stielen; sehr große Winterknospen, vor dem Austrieb der Blüte stark klebrig, aufrechtstehende, rispenartige Blütenstände von pyramidenartigem Umriß, bis 30 cm hoch, öffnen sich im April, Kronblätter weiß, in der Mitte gelbes Farbmal, das sich nach der Bestäubung rot färbt; im Herbst grüne, bestachelte Kapseln, gefüllt mit den typischen braunen Kastanien (je nach Kastanienart eßbar oder nicht); seit dem 16. Jahrhundert in Westeuropa wegen der schönen Blüten als Zier-, Park- und Straßenbaum angepflanzt

Nr. 8 **Chicory**

Wegwarte

Cichorium intybus

Blütenbotschaft:

Mitgefühl, Loslassen

»*Chicory* führt dich in das Geheimnis von Mitgefühl und Liebe ein. Laß das Selbstmitleid los, klammere dich nicht zu sehr an andere oder verpflichte sie dir nicht mit deiner Fürsorge. Erkenne, daß jeder die Verantwortung für sich selbst trägt – dann kannst du den Menschen mit echtem Mitgefühl begegnen.«

Affirmation:

Ich bin mitfühlend und hilfsbereit.
Ich lasse es jedem frei, eigene Erfahrungen zu machen.

Botanischer Hintergrund:

Korbblütengewächs, bis 1 m hoch, mit zähen, verzweigten Stengeln, gezähnten Blättern; blauviolette Blüten, Köpfchen 25–40 mm im Durchmesser, Blühzeit von Juli bis Oktober; verbreitet an Straßenrändern, trockenen Böschungen

Nr. 9 **Clematis**

Weiße Waldrebe

Clematis vitalba

Blütenbotschaft:

bewußtes Wahrnehmen

»Steige aus deiner verzauberten Traumwelt aus, und spüre den Boden unter deinen Füßen. In der realen Welt warten Aufgaben auf dich. *Clematis* hilft dir, deiner Umwelt gewahr zu werden und alles ganz bewußt wahrzunehmen.«

Affirmation:

Statt in meine Phantasie zu flüchten,
stehe ich mit beiden Beinen fest auf dem Boden
der Wirklichkeit.
Ich nehme alles um mich herum deutlich und
bewußt wahr.

Botanischer Hintergrund:

holzige, bis 30 m lange und zu 8 m Höhe mit den Blattstielen rankende Kletterpflanze mit gefiederten Blättern; Saft der Pflanze leicht reizend; milchig weiße Blüten, vier Kelchblätter, zahlreiche Staubgefäße, in lockeren Haufen wachsend, Blühzeit von Juli bis September; im Herbst Haaren gleichende Fruchtstände, daher die weiteren Namen für die Waldrebe: Geißbart und Frauenhaar; an Waldrändern und Hecken auf kalkigem Boden wachsend

Nr. 10

Crab Apple

Holzapfel

Malus sylvestris

Blütenbotschaft:

Selbstbejahung

»*Crab Apple* zeigt dir den Schlüssel zur Lösung deiner Probleme: Er liegt im klaren Ja zu dir selbst. Quäl dich nicht mit unwichtigen Kleinigkeiten, strenger Ordnung oder zwanghaftem Bedachtsein auf Sauberkeit. Dein richtiges Maß findest du um so leichter, je besser du dich selbst in Freude annehmen kannst.«

Affirmation:

Ich fühle mich körperlich und seelisch gereinigt
und geklärt.
Ich bin mit mir zufrieden und nehme mich
voller Freude an.

Botanischer Hintergrund:

auch Wildapfel genannter Baum oder Strauch, bis 10 m hoch wachsend, nicht blühende Zweige in Sproßdornen endend; Blätter unterseitig auf den Blattnerven spärlich behaart, oval, gezähnt und zugespitzt; endständige Blüten an Kurztrieben, gestielt, 25 mm im Durchmesser, Kronblätter außen rosa, innen rein weiß, Blühzeit Mai; 20–40 mm dicke, holzig schmeckende gelbe Äpfel; auf Waldlichtungen und in Hecken wachsend

Nr. 11 Elm

Ulme

Ulmus procera

Blütenbotschaft:

Zuversicht

»Laß dich mit *Elm* tragen von der Zuversicht, daß du deine Aufgaben bewältigen kannst. Weder die Angst, überfordert zu sein oder den Überblick zu verlieren, noch die Angst zu versagen, werden dich davon abhalten. Du schaffst das!«

Affirmation:

Ich bin zuversichtlich, daß ich meine Aufgaben ganz leicht erfüllen kann.

Botanischer Hintergrund:

bis 35 m hoher Baum; Blätter breit oval, asymmetrisch, vorn kurz zugespitzt, am Rand gesägt, untere Seite weißlich behaart, obere Seite dunkelgrün und rauh, eine Hälfte des Blattes ist immer größer und ungleich am Grunde des Blattstieles angesetzt; grünliche und rötliche Blüten, vor dem Laub erscheinend, in kleinen, kugeligen, aufsitzenden Blütenständen, Blühzeit von Februar bis März; heimisch auf den Britischen Inseln, in Europa gelegentlich in Parks angepflanzt (hier sind andere Ulmenarten verbreitet)

Nr. 12 **Gentian**

Bitterer Enzian

Gentiana amarella

Blütenbotschaft:

Optimismus

»*Gentian* richtet dich innerlich auf und erinnert dich daran, daß du dich selbst in schweren Zeiten angesichts von Hindernissen nicht entmutigen lassen sollst. Mit Optimismus findest du immer neue Möglichkeiten, Herausforderungen zu meistern, und erreichst schließlich deine Ziele.«

Affirmation:

Ich glaube daran, daß es immer eine Chance gibt.

Botanischer Hintergrund:

aufrecht und verzweigt wachsende Pflanze, bis 30 cm hoch, zweijährig; Stengelblätter oval bis lanzettförmig, 10–20 mm lang; rötlich-violette Blüten, in dichten end- und achselständigen Büscheln wachsend, 10 mm Durchmesser, Kronröhre bis 14 mm lang, Kelch mit vier oder fünf Zipfeln, Blühzeit von August bis Oktober; bevorzugt kalkiges Grasland

Nr. 13 *Gorse*

Stechginster

Ulex europaeus

Blütenbotschaft:

Hoffnung

»Mag die Verzweiflung deinen Lebenswillen gerade noch so sehr niederdrücken, *Gorse* erweckt deine Lebenskraft wieder. Glaube beharrlich an Besserung, und laß dich dabei auch von scheinbar fehlenden Perspektiven nicht beirren. Ein Hoffnungsschimmer wird zum kraftvoll strahlenden Licht, das dich führt.«

Affirmation:

Ich sage ja zum Leben.
Ich bin voller Hoffnung.

Botanischer Hintergrund:

immergrüner Busch, dicht und dornig, bis 2 m hoch; zu kahlen Enddornen reduzierte Blätter, bis 25 mm lang; gelbe Blüten mit 20 mm Durchmesser, Blühzeit hauptsächlich März bis Juni, aber auch das ganze Jahr hindurch; verbreitet in Grasland und Heidegebieten

Nr. 14 **Heather**

Heidekraut

Calluna vulgaris

Blütenbotschaft:

Verständnis

»*Heather* will dich an die Hand nehmen und dich aus deiner Einsamkeit herausführen. Dein Hunger nach Aufmerksamkeit und Bestätigung durch andere vergeht. Nach der rastlosen Suche und Ablenkung kommst du endlich in deiner eigenen Mitte an und findest Ruhe. Dein Verständnis für dich und für andere kann nun wachsen.«

Affirmation:

In meiner Mitte finde ich Ruhe.
Ich bin voll Verständnis für mich und für andere.

Botanischer Hintergrund:

immergrüner Zwergstrauch von 50 cm Höhe; kleine, 1 mm lange Blätter zu dichten Reihen an den Stielen; rosaviolette Blüten von 4 mm Länge, vierblättrige Blütenblätter, umgeben von vier rosa Kelchblättern, Blühzeit von Juli bis September; in Heiden und Mooren wachsend, meist auf sauren Böden

Nr. 15 **Holly**

Stechpalme

Ulex aquifolium

Blütenbotschaft:

Liebesfähigkeit

»Wenn dich negative Gefühle wie Neid, Eifersucht, Zorn oder Mißtrauen in Beschlag nehmen, dann höre auf *Holly*. Laß dein Herz berühren, mach den Weg frei für deine lichtvollen Gefühle, und stell dich darauf ein, an anderen immer etwas Liebenswertes zu finden.«

Affirmation:

Ich bin offenherzig und finde andere liebenswert.

Botanischer Hintergrund:

bis 10 m hoher immergrüner, zweihäusiger Strauch oder Baum, Borke glatt und grau, Zweige grün; ledrige, ovale Blätter, Oberseite dunkel glänzend, im unteren Bereich meist mit kräftigen Zähnen an den Rändern; weiße Blüten, 6–8 mm Durchmesser, mit vier Kronblättern, kleine gedrängte Blütenstände, Blühzeit von Mai bis Juni; kugelige rote Beeren – Achtung: giftig!; überwiegend im Westen Europas in Hecken wachsend

Nr. 16

Honeysuckle

Geißblatt

Lonicera caprifolium

Blütenbotschaft:

Vergangenes sein lassen

»Vergeude deine Energie nicht, indem du an Vergangenem haftest, das du nicht mehr ändern kannst. *Honeysuckle* ermöglicht dir, dich davon zu lösen und zu erkennen, daß jetzt neue Möglichkeiten auf dich warten.«

Affirmation:

Ich lasse das »Gestern« hinter mir und bin ganz für mein »Heute« da.

Botanischer Hintergrund:

windender Kletterstrauch, zählt zu den Heckenkirschen; Blätter oval in gegenständigen Paaren, an den oberen Stielen zusammengewachsen; trompetenförmige Blüten, Röhren außen rot, innen weiß, zweilippig, 5 cm lang, quirlige, endständige Köpfe, Blühzeit von Juni bis August; glänzend rote Beeren; Achtung: aufgrund des Bitterstoffs Xylostein ungenießbar und giftig!; in Gärten wachsend

Nr. 17 **Hornbeam**

Hainbuche

Carpinus betulus

Blütenbotschaft:

frischer Schwung

»Laß deine Müdigkeit und Lustlosigkeit von *Hornbeam* wegfegen und dich vom frischen Schwung dieser Blüte anstecken. So wird sich deine Energie ändern können und in dir das Gefühl wecken, daß du Anstehendes mit Leichtigkeit fertigbringen und deinen Alltag spielerisch bewältigen kannst.«

Affirmation:
Ich bin voller Energie und erledige alles
mit Schwung und Freude.

Botanischer Hintergrund:
bis 25 m hoher Baum mit reichverzweigter Krone; Rinde glatt, dunkelgrau, von flachem Netzwerk unterteilt; Blätter doppeltgesägt, ziehharmonikaartig gefaltet; einhäusig verteilte Blüten, männliche Kätzchen bis 7 cm lang, weibliche mit bleichgrünen, aufgebogenen Tragblättern, Blühzeit von April bis Mai; von einem dreilappigen Flugorgan umgebene, nur ca. 1 cm große Nüsse; verbreitet von den Pyrenäen über Mitteleuropa und Südskandinavien bis nach Westasien

Nr. 18 **Impatiens**

Drüsentragendes Springkraut

Impatiens glandulifera

Blütenbotschaft:

Geduld

»Der Zauber von *Impatiens* liegt in seiner Fähigkeit, dir Sanftheit und Geduld zu schenken. Diese Eigenschaften ermöglichen es dir, innerlich zur Ruhe zu kommen. *Impatiens* läßt dich deine Reizbarkeit und Hektik ablegen und schenkt dir die Kraft, dem Leben gelassen zu begegnen.«

Affirmation:

In aller Ruhe kommen auch meine feinen Eigenschaften heraus.
Ich bin geduldig und verständnisvoll.

Botanischer Hintergrund:

bis 2 m hohes einjähriges Kraut mit rötlichem Stengel, aus dem Himalaja eingebürgert; lanzettförmige Blätter, grün mit rotem, gezacktem Rand; purpurrosa Blüten, bis 40 mm lang, zusammengewachsene Kelchblätter mit einem kurzen, gekrümmten Sporn, Blühzeit von Juli bis Oktober; keulenförmige Früchte, springen bei Berührung explosionsartig auf, wobei die Samen in die Umgebung ausgeschleudert werden, daher auch der botanische Name: *Impatiens*, lat. impatientia, dt. Ungeduld; verbreitet an Flußufern, Waldrändern

Nr. 19

Larch

Lärche

Larix decidua

Blütenbotschaft:

Selbstvertrauen

»*Larch* ruft dir zu, daß es an der Zeit ist, deine Minderwertigkeitsgefühle, deine Angst, zu versagen, deine Überzeugung, nicht gut genug zu sein, hinter dir zu lassen. Trau dir etwas zu, und deine Kraft wird dich tragen. Mit dem Vertrauen in dich selbst kannst du deine wirklichen Fähigkeiten erkennen und zum Wachsen bringen.«

Affirmation:

Ich vertraue meiner Kraft, und ich weiß, daß ich sehr fähig bin – auf meine eigene Art.

Botanischer Hintergrund:

sommergrüner Nadelbaum, bis 40 m hoch; weiche, schlanke Nadeln, 20–30 mm lang, zu 20 bis 40 Stück in Kurztrieben an den Langtrieben stehend; einhäusig verteilte Blüten, männliche gelb, weibliche aufrecht und kräftig rot, Blühzeit von März bis April; Zapfen, bis 50 mm lang, bleiben mehrere Jahre an den Zweigen; bevorzugt winterkaltes Hochgebirgsklima, kalkhaltige Böden, durch Forstkultur überall in Europa verbreitet

Nr. 20
Mimulus
Gefleckte Gauklerblume
Mimulus guttatus

Blütenbotschaft:
Mut

»*Mimulus* verwandelt die Ängste vor den Widrigkeiten des Alltags in Mut. Mitten in Unglück, Schmerz, Krankheit und Verlust schöpfst du mit *Mimulus* Kraft und gewinnst damit das Vertrauen, mutig einen ersten Schritt in eine neue Richtung zu gehen.«

Affirmation:
Ich bin mutig, und ich traue mir den ersten Schritt zu.

Botanischer Hintergrund:
mehrjährige Pflanze, bis 50 cm hoch; gegenständige Blätter, unregelmäßig gezähnt, die oberen Stengel umfassend; 25–30 mm große Blüten, in lockeren Blütenständen, der Rachen der gelben Krone mit kleinen roten Flecken, von zwei behaarten Rippen fast verschlossen, Kelch und Blütenstiele flaumig, Blühzeit von Juni bis September; an Bächen wachsend

Nr. 21 **Mustard**

Ackersenf

Sinapis arvensis

Blütenbotschaft:

Erleichterung

»Denk daran, daß Schwermut und Verzweiflung nicht Teil deines Wesens sind. Tauchen unerklärlich plötzlich dunkle Verstimmungen auf, so nimm die Erleichterung an, die dir *Mustard* bietet. Diese Blüte verscheucht die Schatten und führt dich zu deiner wahren Natur, die von Helligkeit und Fröhlichkeit erfüllt ist.«

Affirmation:

Ich bin erfüllt von Helligkeit und Fröhlichkeit, alles wird leichter.

Botanischer Hintergrund:

einjähriger Kreuzblütler, bis 70 cm hoch, behaarter Stiel; große Blätter, gestielt, grob gezähnt, behaart; gelbe Blüten, 15–20 mm, in dichten endständigen Trauben, vier Kelchblätter meist waagrecht abstehend, Blühzeit von Mai bis Oktober; am unteren Stiel abstehende, geschnäbelte Schoten mit mehreren Adern und abgerundet; auf Ackerland und Schuttplätzen wachsend

Nr. 22 **Oak**

Stieleiche

Quercus robur

Blütenbotschaft:
eine Auszeit nehmen

»*Oak* fordert dich auf, eine Auszeit zu nehmen, bevor du vor lauter unermüdlichem Kämpfen die Grenzen deiner Belastbarkeit überschreitest. Dein Wert wird nicht durch deine Leistung allein bestimmt. Übernimm Verantwortung, vor allem aber für dich selbst, und nicht nur für die anderen. Kümmere dich gut um dich.«

Affirmation:

Ich spüre, wann ich mich zurücknehmen soll.

Botanischer Hintergrund:

bis 40 m hoher Baum, der bis 1000 Jahre alt werden kann, unregelmäßige Krone mit gedrehten Ästen, Rinde hellgrau in Netzwerk aus Leisten und Furchen gegliedert; kurz gestielte bis fast sitzende Blätter, Rand mit rundlichen Lappen und Buchten; einhäusig verteilte Blüten in Büscheln an den Zweigenden, männliche als 40 mm lange Kätzchen mit vielen grünlichen Blüten, weibliche bis zu 5 kleine rötliche Blüten in gestielten, aufrechten Ähren, Blühzeit von April bis Mai; Eicheln zu dritt bis fünft an bis zu 4 cm langen Stielen, daher der Name Stieleiche; verbreitet im Tief- und Hügelland

Nr. 23 Olive

Echter Ölbaum

Olea europaea

Blütenbotschaft:

Erholung

»*Olive* hilft dir, wenn du dich ausgebrannt fühlst, wenn deine seelischen oder körperlichen Reserven erschöpft scheinen. Nimm das Angebot von *Olive* an, und sorge für deine Erholung und die Erneuerung deiner Kraft.«

Affirmation:

Ich bin offen für Erholung und neue Kraft.

Botanischer Hintergrund:

immergrüner bis 15 m hoher Baum, Stamm kurz und gekrümmt; sitzende oder kurz gestielte Blätter, 20–80 mm lang und bis 15 mm breit, lanzettförmig, glattrandig, obere Seite matt graugrün, untere Seite grauweiß; eingeschlechtliche oder zwittrige Blüten, mit vierteiliger, weißlicher, zur Mitte hin hellgelber Krone, zwei Staubblättern und Fruchtknoten zu mehreren in langen, aufrechten Rispen in den Blattachseln, Blühzeit von Mai bis Juni; Olive, Steinfrucht, wegen ihrer Bitterkeit roh nicht genießbar, aber nach mehrmaligem Wässern (und Einlegen in Salzlake), gepreßt zur Gewinnung des beliebten Olivenöls genutzt; heimisch im Mittelmeerraum, dort wild wachsend im Gebirge

Nr. 24 Pine

Kiefer

Pinus sylvestris

Blütenbotschaft:

Selbstakzeptanz

»Die Kraft von *Pine* versetzt dich in die Lage, dich selbst zu akzeptieren. Wenn du das geschafft hast, erkennst du, daß Schuldgefühle keine Daseinsberechtigung haben, daß du dir nichts vorzuwerfen hast. Du kannst deinen Weg frei wählen und gehen.«

Affirmation:

Ich achte und akzeptiere mich, so wie ich bin.

Botanischer Hintergrund:

auch Föhre genannter immergrüner Nadelbaum, bis 30 m hoch, Rinde rot- bis orangebraun; Nadeln 30 bis 80 mm lang, kurz zugespitzt, je 2 pro Kurztrieb; einhäusig verteilte Blüten, männliche hellgelb in Büscheln beieinanderstehend, weibliche Blütenstände am oberen Ende von Langtrieben rot; Blühzeit von April bis Mai; holzige Zapfen; im Hoch- und Mittelgebirge wachsend

Nr. 25

Red Chestnut

Rote Kastanie

Aesculus carnea

Blütenbotschaft:

positive Gedanken

»Neigst du dazu, dir nahestehende Menschen durch ängstliche Fürsorge und sorgenvolle Gedanken zu belasten? *Red Chestnut* wartet nur auf deine Bereitschaft, Entspannung und lichtvolle, positive Gedanken für andere in deinen Geist einzulassen. Damit kannst du mehr für deine Lieben tun.«

Affirmation:

Ich entspanne mich und bin mit positiven Gedanken für andere da.

Botanischer Hintergrund:

aus einer Kreuzung der rot blühenden nordamerikanischen Pavie mit der weißen Roßkastanie entstandener Baum; handförmig gefiederte Blätter; Blüten in langen, aufrechtstehenden Rispen wachsend, rosa bis fleischrot, Blühzeit von Mai bis Juni; in Europa in Parks und an Straßenrändern angepflanzt

Nr. 26

Rock Rose

Sonnenröschen

Helianthemum nummularium

Blütenbotschaft:

Schutz

»*Rock Rose* sagt dir: Nimm den Schutz an, der deine Seele immer umgibt, auch wenn du ihn manchmal nicht fühlst. Selbst in großer Not, in Panik und tiefer Trauer findest du durch ihn Standhaftigkeit und Ruhe, so daß du alle Schwierigkeiten überwinden kannst.«

Affirmation:
Ich bin jederzeit gut beschützt und in mir gefestigt.

Botanischer Hintergrund:
kriechender oder aufsteigender Halbstrauch; länglich-ovale Blätter, untere Seite wollig-weiß, mit kleinen Nebenblättern; gelbe Blüten, bis 25 mm im Durchmesser, die 5 Kronblätter flach ausgebreitet, herabhängende Knospe, geschlossen bei Dunkelheit und Nässe, nur bei Temperaturen über 20°C geöffnet, Blühzeit von Juni bis September; auf trockenem Grasland und felsigem, oft kalkigem Boden wachsend

Nr. 27

Rock Water

Wasser aus heilkräftigen Quellen

Blütenbotschaft:
Gelöstheit

»Mit *Rock Water* findest du die innere Gelöstheit, mit der du dich deinen Wünschen hingeben kannst. Es hilft dir, frei und spielerisch – gerade so, wie das Wasser fließt – mit deinem Leben umzugehen. Gelöst und mit viel Freude kannst du alle Starrheit, Verbissenheit und Perfektionsansprüche hinter dir lassen.«

Affirmation:

Ich bin locker und gelöst.
Ich bin frei und offen für Sanftheit und Freude.

Hintergrund:

Nach den Anordnungen von Dr. Bach soll für diese Essenz Wasser aus einer heilkräftigen Quelle, die noch in ihrem natürlichen Zustand ist, entnommen werden. Die Essenz soll nach der Sonnenmethode hergestellt werden, das heißt, daß sie einige Zeit dem Sonnenlicht ausgesetzt wird.

Nr. 28

Scleranthus

Einjähriges Knäuelkraut

Scleranthus annuus

Blütenbotschaft:

Gleichgewicht

»*Scleranthus* kann deine Unausgeglichenheit aufheben, ebenso deine Unsicherheit, die dich zögern läßt, wenn du zwischen zwei Dingen entscheiden mußt. Diese Blüte stärkt dich, so daß du entschlossener werden kannst. Von deinem inneren stabilen Kern aus findest du dein Gleichgewicht.«

Affirmation:

Ich bin verbunden mit meinem inneren stabilen Kern.
Ich bin vollkommen im Gleichgewicht und treffe sichere Entscheidungen.

Botanischer Hintergrund:

kleines, drahtig oder dornig aussehendes, graugrünes krautiges Nelkengewächs von bis zu 10 cm Größe; schmale und spitze Blätter, in gegenständigen Paaren rund um den Stengel verwachsen; winzige weiße bis grüne, end- und achselständige Büschelblüten mit 5 spitzen, grünen Kelchblättern, aber ohne Kronblätter, Blühzeit von Mai bis Oktober; auf Ackerland oder trockenen, sandigen Böden wachsend

Nr. 29 **Star of Bethlehem**

Doldiger Milchstern

Ornithogalum umbellatum

Blütenbotschaft:

Trost

»*Star of Bethlehem* will dich daran erinnern, daß es Trost für dich gibt, sei der Schock, der Schrecken, der dich aus der Bahn geworfen hat, auch noch so groß. Selbst wenn ein schlimmes Erlebnis schon lange zurückliegt, kann sich mit der Hilfe dieser Blüte der Kummer auflösen und tiefer Frieden bei dir einziehen.«

Affirmation:
Ich bin getröstet und in tiefem Frieden.

Botanischer Hintergrund:
mehrjähriges Liliengewächs, bis 30 cm hoch, mit einer leicht giftigen Wurzelknolle; schmale Blätter, bis 30 cm lang, mit weißen Streifen in der mittleren Rinne; weiße Blüten, 6-Stern von 30 mm Durchmesser, mit grünen Streifen auf der Rückseite, doldenartige, endständige Traube, Staubgefäße aufrechtstehend wie ein kleines Krönchen, Blühzeit von April bis Mai; verbreitet auf trockenem Grasland, an Wegrändern

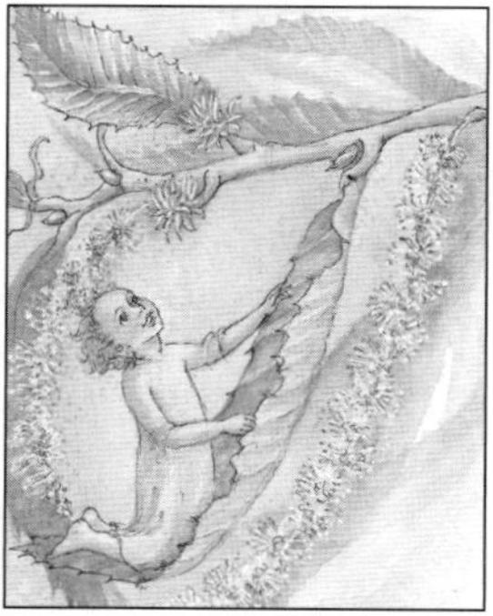

Nr. 30

Sweet Chestnut

Edelkastanie

Castanea sativa

Blütenbotschaft:

Rettung

»Wenn du in extremer seelischer Not bist und glaubst, Verzweiflung und Trauer nicht länger ertragen zu können, dann hilft dir *Sweet Chestnut*. Diese Blüte läßt dich in der Dunkelheit den Lichtschimmer am Horizont entdecken und bewahrt dir deinen Glauben, daß sich letztlich alles zum Guten wendet. Rettung naht!«

Affirmation:
Ich sehe das Licht am Ende des Tunnels.
Ja, ich glaube an Rettung aus der Not.

Botanischer Hintergrund:
bis 30 m hoher Baum (Buchengewächs), Borke dunkelbraun und stark längsrissig; 10–30 cm lange Blätter, bis 8 cm breit, länglich zugespitzt, gleichmäßig gesägt, kahl, Oberseite glänzend dunkelgrün, Unterseite hellgrün; einhäusig verteilte Blüten, männliche Kätzchen hellgelb, zahlreich, bis 15 cm lang, weibliche Blüten in Gruppen zu 2–3 an der Basis der männlichen Blüten, aus der stacheligen grünen Hülle ragen nur die weißen Stempel, Blühzeit von Juni bis Juli; eßbare Früchte, Eßkastanie, Zahme Kastanie oder Marone genannt; mittlerweile in ganz Europa angepflanzt

Nr. 31 Vervain

Eisenkraut

Verbena officinalis

Blütenbotschaft:

Ausgleich

»*Vervain* verrät dir, wie du Verkrampfungen lösen kannst. Du mußt dich nicht überanstrengen, wenn du deine Ziele erreichen willst, und deine Überzeugungen anderen nicht aufzwingen. *Vervain* weitet dein Herz und macht dich ausgeglichen. Der Ausgleich mit anderen fällt dir dann ganz leicht.«

Affirmation:

Ich bin in Harmonie mit mir und mit anderen.
Mein Herz wird immer weiter.

Botanischer Hintergrund:

aufrechte mehrjährige Pflanze, bis 1 m hoch, mit verzweigten, vierkantigen rauhen Stengeln; untere Blätter mehrfach eingeschnitten, obere Blätter klein und ungestielt; bläulichrosa Blüten, 4–5 mm im Durchmesser, an langen, zarten Ähren; nur wenige Blüten öffnen sich gleichzeitig, Blühzeit von Juni bis September; auf trockenem Grasland, an Straßenrändern wachsend

Nr. 32 Vine

Weinrebe

Vitis vinifera

Blütenbotschaft:

Rücksicht

»*Vine* wartet nur darauf, in deinem Inneren die Rücksicht auf andere wachsen und den Wunsch entstehen zu lassen, daß sich auch andere frei entfalten können. Dein Hang zu Besserwisserei und Dominanz verschwindet. Mit deiner Stärke wirst du zu einer echten Stütze für andere.«

Affirmation:

Ich bin rücksichtsvoll und unterstützend.
Ich kenne meine innere Stärke und lasse anderen ihre Freiheit.

Botanischer Hintergrund:

holzig rankende Kletterpflanze; grüne Blätter bis 15 cm Durchmesser mit 3–5 Zacken; in Rispen wachsende Blüten, wenn die Blütenblätter der Knospen abgeworfen sind, werden die winzigen grünen Fruchtknoten mit 5 abstehenden Staubblättern sichtbar, Blühzeit von Mai bis Juli; bevorzugt sonnenzugewandte Hänge

Nr. 33 Walnut

Echte Walnuß

Juglans regia

Blütenbotschaft:

Unbefangenheit

»*Walnut* hilft dir, unbefangen vorwärtszugehen, gleichsam umgeben von einer schützenden Hülle – gerade so, wie ein blühender Baum von einer Duftwolke umhüllt ist. Nichts kann dich mehr stören und niemand dich von deinem Weg oder von deiner Meinung abbringen. Der Zeitpunkt für das Einschlagen neuer Pfade ist gekommen.«

Affirmation:

Ich bin sicher vor hinderlichen Einflüssen und gehe unbefangen vorwärts.

Botanischer Hintergrund:

sommergrüner Baum, bis 25 m hoch, Rinde anfangs glatt, später tiefrissig braungrau; unpaarig 5–9fach gefiederte Blätter, im Austrieb rötlich, später mittelgrüne Oberseite, hellere Unterseite; einhäusig verteilte Blüten, männliche in 3–10 cm langen abwärts gekrümmten, gelbgrünen Kätzchen, weibliche an den Enden neuer Triebe als kleine bauchige, grüne Keulen gekrönt von gelben, gekrümmten Narbenbürstchen, Blühzeit von April bis Mai; Früchte botanisch gesehen keine Nüsse, sondern Steinfrüchte; bevorzugt windermilde, niederschlagsreiche Gegenden mit nährstoff- und kalkreichen Lehmböden

Nr. 34

Water Violet

Sumpfwasserfeder

Hottonia palustris

Blütenbotschaft:

Verbindung mit anderen aufnehmen

»*Water Violet* lockt dich aus deinem Schneckenhaus. Du wirfst deine Unnahbarkeit und deinen Stolz ab, befreist dich von allen Einschränkungen und wendest dich anderen Menschen, ja der ganzen herrlichen Welt zu. Wie schön ist es, offen und mit anderen verbunden zu sein!«

Affirmation:

Ich bin offen für andere, und ich bin mit ihnen verbunden.

Botanischer Hintergrund

zu den Primelgewächsen zählende Wasserpflanze, mehrjährig, bis 30 cm hoch; gefiederte Blätter unter Wasser; Blüten 20–25 mm im Durchmesser, 5 blaßviolette Kronblätter und ein gelbes »Auge« in der Mitte, auf kahlen, aufrechten Stengeln, die mehrere Blütenquirle tragen, Blühzeit von Mai bis Juli; in leicht bewegtem Wasser, Sümpfen und Teichen wachsend

Nr. 35

White Chestnut

Roßkastanie

Aesculus hippocastanum

Blütenbotschaft:

Ruhe und Klarheit

»Laß den Zauber von *White Chestnut* auf dich wirken, erlebe, wie friedvolle Ruhe und Klarheit sich in dir ausbreiten. Alle Kraft, die durch sich im Kreis drehende Gedanken zerstreut wurde, sammelt sich wieder in deinem Inneren, und du wirst gestärkt für das, was kommt.«

Affirmation:

Ruhe und Klarheit ist in mir, und ich bin ganz von Ruhe eingehüllt.

Botanischer Hintergrund:

sommergrüner Baum (Seifenbaumgewächs), bis 25 m hoch; handförmig gefiederte Blätter, bis 25 cm lang und breit, an langen Stielen; aufrechtstehende, rispenartige Blütenstände von pyramidenartigem Umriß, bis 30 cm hoch, Winterknospen sehr groß und klebrig, Einzelblüten zwittrig, an der Spitze des Blütenstandes männliche Blüten, Kronblätter weiß, in der Mitte gelbes Farbmal, das sich nach der Bestäubung rot färbt, Blühzeit Mai; im Herbst grüne, bestachelte Kapselfrüchte, darin die typischen braunen Kastanien, für den Menschen leicht giftig; in Westeuropa wegen der schönen Blüten als Zier-, Park- und Straßenbaum angepflanzt

Nr. 36

Wild Oat

Waldtrespe

Bromus ramosus

Blütenbotschaft:

Entscheidung für das Wesentliche

»*Wild Oat* befreit dich von deiner Unzufriedenheit, in der du dich verfangen hast, weil du so viele Interessen und Talente hast und nicht weißt, wie du sie richtig einsetzen kannst. Du wirst ganz sicher, und erkennst, was wirklich wesentlich und sinnvoll für dich ist. Die Entscheidung fällt dir jetzt leicht.«

Affirmation:

Wie viele Möglichkeiten es auch gibt,
ich weiß, welche Richtung ganz und gar
»meine« und wesentlich ist.
Ich entscheide mich für sie.

Botanischer Hintergrund:

Rispengras aus der Gattung Bromus/Hafer, bis 1,50 m hoch, Rispenäste allseits wendig überhängend, der den Stengel umfassende Teil des Blatthalms ist von 4 mm langen Härchen überzogen; Ährchen mit 4–12 Blüten, 20–40 mm lang, Deckspelzen eiförmig, länglich, aus den geöffneten Spelzen stehen winzige rote Staubbeutel und Narben, die wie kleine Pelze aussehen, Blühzeit von Juli bis August; im Schatten von Waldrändern und Hecken wachsend

Nr. 37

Wild Rose

Heckenrose

Rosa canina

Blütenbotschaft:

Lebendigkeit

»*Wild Rose* reißt dich aus deiner Gleichgültigkeit, deiner Resignation gegenüber Herausforderungen und angesichts unbefriedigender Situationen heraus. Du wirst aktiv und sorgst für dein Wohlbefinden, schaffst in deinem Leben wieder Platz für Abenteuer. So kannst du mit Schwung an Aufgaben herangehen und dabei vor Begeisterung und Freude sprühen.«

Affirmation:

Ich liebe das Leben, und ich bin voller Schwung und Begeisterung.

Botanischer Hintergrund:

einheimische Wildrose, auch Hagerose, Hagebutte oder Hundsrose genannt, Strauch mit bis zu 4 m langen, gekrümmten Ästen und sichelförmigen Stacheln; unpaarig 5–7fach gefiederte, kahle Blätter, äußere Kelchblätter mit abstehenden Fiederlappen; rosa bis weiße, duftende Blüten, 30–50 mm Durchmesser, 5 herzförmige Blütenblätter, Blühzeit: von Juni bis Juli; rote und rundliche Früchte, reich an Vitamin C, als Tee oder Brotaufstrich eßbar; in Hecken, im Gebüsch und an Waldrändern wachsend

Nr. 38 Willow

Gelbe Weide

Salix vitellina

Blütenbotschaft:

Heiterkeit und Versöhnlichkeit

»*Willow* ist die Blüte, mit der du Unzufriedenheit und Verbitterung umpolen kannst. Sie bringt Heiterkeit in dein Leben und schenkt dir die Fähigkeit, dich leichter mit anderen Menschen und dir selbst auszusöhnen, ja sogar mit deinem Schicksal, das, wie du vielleicht glaubst, ungerecht zu dir war.«

Affirmation:

Ich trage meinen Teil an Aufgaben mit heiterem Gemüt, ich bin versöhnt.

Botanischer Hintergrund:

bis 25 m hoher Baum, Zweige goldgelb; lanzettförmige, fein gezähnte Blätter, Oberseite glänzend grün, Unterseite weiß behaart; zweihäusige Blüten, aufrechte, längliche Kätzchen, männliche mit gelben Staubblättern, weibliche meist graugrün, Blühzeit von April bis Mai; in feuchter Umgebung wachsend

Nr. 39 Rescue Remedy

Fünf-Blüten-Mischung/ Erste-Hilfe-Kombination

Blütenbotschaft:

Sicherheit

»Laß die Einsicht zu, daß du in Sicherheit bist. Du wirst in der größten Not, im härtesten Streß, in den schlimmsten Schwierigkeiten aufgefangen. Es gibt so viele Kräfte um dich, die sich verbünden, um dir zur Seite zu stehen. Die fünf Blüten nehmen dich in ihren Kreis auf, dort bist du sicher.«

Affirmation:

Wundersame Kräfte verbinden sich zu segensreicher Hilfe und fangen mich auf. Ich fühle mich sicher.

Hintergrund:

Rescue Remedy kombiniert fünf Blüten in einer Mischung, die von Dr. Bach speziell für Notfallsituationen zusammengestellt wurde. In ihr ergänzen sich verschiedene hilfreiche Wirkungen:

- *Impatiens* hilft gegen Streß: Löst ihn auf und macht Geduld und Sanftheit Platz.
- *Cherry Plum* hilft bei enormem Druck und Spannung und schenkt souveräne Gemütsruhe.
- *Star of Bethlehem* hilft bei Schock, so daß der einem Gemütszustand von Erleichterung und Trost weicht.
- *Rock Rose* hilft bei panischem Schrecken so, daß er sich verflüchtigt, und ruft das Gefühl hervor, man sei liebevoll beschützt.
- *Clematis* hilft bei dem Gefühl, zu schweben, wodurch es sich verwandelt und einem vermittelt, geerdet, klar und bewußt zu sein.

Literaturliste

Bachblüten:

Alber-Klein, Cordelia, und Hornsberger, Regina: Bach-Blüten und 52 neue Blütenessenzen. Bielefeld 2002

Bach, Edward: Gesammelte Werke. Himberg 1988

Barnard, Julian und Martine: Das Bach-Blüten-Wunder. München 1989

Maly, Ilse: Bach-Blüten als Chance und Hilfe. München 1991

Schneider, Christa: Mit Bach-Blüten die Seele erblühen lassen. Interlaken 1995

Botanik:

Kremer, Bruno P: Die Bäume Mitteleuropas. Stuttgart 1989

Kremer, Bruno P: Bäume erkennen und bestimmen. Stuttgart 2001

Der große Kosmos-Naturführer Blütenpflanzen. Stuttgart 1993

Bildatlas der Farn- und Blütenpflanzen Deutschlands. Stuttgart 2000

The Royal Horticultural Society: DuMont's große Pflanzen-Enzyklopädie. Köln 1998

Für die gewissenhafte Beratung beim botanischen Teil bedanke ich mich bei meiner Tochter, Maria Memaran, die in der Umweltbildung tätig ist.

33 – Unbefangenheit

Walnut

Echte Walnuß

BLÜTEN
BOTSCHAFTEN

26 – Schutz

Rock Rose

Sonnenröschen

BLÜTEN
BOTSCHAFTEN

20 – Mut

Mimulus

Gefleckte Gauklerblume

BLÜTEN
BOTSCHAFTEN

17 – frischer Schwung

Hornbeam

Hainbuche

BLÜTEN
BOTSCHAFTEN

34 – Verbindung **Water Violet**

Sumpfwasserfeder

BLÜTEN
BOTSCHAFTEN

31 – Ausgleich

Vervain

Eisenkraut

BLÜTEN
BOTSCHAFTEN

12 – Optimismus

Gentian

Bitterer Enzian

BLÜTEN
BOTSCHAFTEN

21 – Erleichterung

Mustard
Ackersenf

BLÜTEN
BOTSCHAFTEN

36 – Entscheidung für das Wesentliche

Wild Oat

Waldtrespe

BLÜTEN
BOTSCHAFTEN

22 – eine Auszeit nehmen

Oak

Stieleiche

BLÜTEN
BOTSCHAFTEN

30 – Rettung **Sweet Chestnut**

Edelkastanie

BLÜTEN
BOTSCHAFTEN

39 – Sicherheit

Rescue Remedy

Erste-Hilfe-Blütenmischung

BLÜTEN
BOTSCHAFTEN

25 – positive Gedanken

Red Chestnut

Rote Kastanie

BLÜTEN
BOTSCHAFTEN

10 – Selbstbejahung

Crab Apple

Holzapfel

BLÜTEN
BOTSCHAFTEN

7 – Begreifen

Chestnut Bud

Kastanienknospe

BLÜTEN
BOTSCHAFTEN

23 – Erholung

Olive

Echter Ölbaum

BLÜTEN
BOTSCHAFTEN

37 – Lebendigkeit

Wild Rose

Heckenrose

BLÜTEN
BOTSCHAFTEN

32 – Rücksicht

Vine

Weinrebe

BLÜTEN
BOTSCHAFTEN

9 – bewußtes Wahrnehmen

Clematis

Weiße Waldrebe

BLÜTEN
BOTSCHAFTEN

38 – Heiterkeit

Willow

Gelbe Weide

BLÜTEN
BOTSCHAFTEN

16 – Vergangenes sein lassen

Honeysuckle

Geißblatt

BLÜTEN
BOTSCHAFTEN

24 – Selbstakzeptanz

Pine

Kiefer

BLÜTEN
BOTSCHAFTEN

15 – Liebesfähigkeit

Holly
Stechpalme

BLÜTEN
BOTSCHAFTEN

35 – Ruhe **White Chestnut**

Roßkastanie

BLÜTEN
BOTSCHAFTEN

13 – Hoffnung

Gorse

Stechginster

BLÜTEN
BOTSCHAFTEN

3 – Einfühlungsvermögen **Beech**
Rotbuche

BLÜTEN
BOTSCHAFTEN

4 – Selbstbehauptung

Centaury

Tausendgüldenkraut

BLÜTEN
BOTSCHAFTEN

5 – inneres Wissen

Cerato

Bleiwurz

BLÜTEN
BOTSCHAFTEN

8 – Mitgefühl

Chicory

Wegwarte

BLÜTEN
BOTSCHAFTEN

14 – Verständnis

Heather
Heidekraut

BLÜTEN
BOTSCHAFTEN

19 – Selbstvertrauen

Larch

Lärche

BLÜTEN
BOTSCHAFTEN

2 – Geborgenheit

Aspen

Zitterpappel

BLÜTEN
BOTSCHAFTEN

6 – Entspannung

Cherry Plum

Kirschpflaume

BLÜTEN
BOTSCHAFTEN

27 – Gelöstheit

Rock Water

Wasser aus heilkräftigen Quellen

BLÜTEN
BOTSCHAFTEN

18 – Geduld

Impatiens

Drüsentragendes Springkraut

BLÜTEN
BOTSCHAFTEN

1 – Offenheit

Agrimony

Odermennig

BLÜTEN
BOTSCHAFTEN

28 – Gleichgewicht

Scleranthus

Einjähriges Knäuelkraut

BLÜTEN
BOTSCHAFTEN

29 – Trost **Star of Bethlehem**

Doldiger Milchstern

BLÜTEN
BOTSCHAFTEN

11 – Zuversicht

Elm

Ulme

BLÜTEN
BOTSCHAFTEN